AF465041

L5h
227.

RELATION
DE L'AFFAIRE
DE CALDÈS.

RELATION
DE L'AFFAIRE
DE CALDÈS,
EN CATALOGNE,
LE 14 AOUT 1823.

Extrait de l'*Echo du Midi* des 17 et 19 septembre 1823.

AVEC DES NOTES

DE M. LE MARQUIS DE CRENOLLE.

PUBLIÉE LE 14 AOUT 1825.

Cette Brochure ne se vend pas.

PARIS,

IMPRIMERIE D'HIPPOLYTE TILLIARD,

RUE DE LA HARPE, N° 78.

1825.

AVANT-PROPOS.

La relation de l'affaire de Caldès a été insérée dans la gazette espagnole de Manreza. L'Echo du midi, imprimé à Toulouse, en a donné une traduction dans les numéros du 17 et du 19 septembre 1823 ; c'est celle que l'on voit ici, à peu de chose près.

Je ne me suis déterminé à la faire imprimer que parce qu'elle l'a déjà été, et que ce sera une occasion de faire connaître quelques détails intéressants sur l'armée de la Foi en 1822 et 1823.

J'avoue aussi que, sincèrement attaché au baron d'Eroles, qui m'a honoré de son amitié, j'éprouve un vrai plaisir à publier un fait d'armes aussi glorieux pour lui. La victoire de Caldès pouvait, sans doute, avoir des résultats bien plus importants; au moins le général peut-il se flatter d'avoir complètement fait échouer le plan de son ennemi, dans un moment décisif pour le succès de la campagne; en un mot, il est rare, à la guerre, qu'avec des forces aussi inégales, sans parler des autres obstacles, on fasse autant et en aussi peu de temps.

Je n'ai parlé dans les notes que du corps espagnol auquel j'ai été attaché pendant deux campagnes, et dont j'ai cherché à faire connaître l'esprit, l'organisation et le dévouement. Ce n'est pas par oubli que je ne dis rien des corps français; je ne puis en être soupçonné: je crois seulement que leur valeur, et leurs manœuvres, si hardies et si à propos, et qui en dernier résultat ont fixé la victoire, sont trop au-dessus des éloges d'un simple volontaire, pour qu'il se permette d'en parler.

RELATION

DE L'AFFAIRE

DE CALDÈS,

EN CATALOGNE.

(Extrait des n^{os} des 17 et 19 septembre 1823 de *l'Echo du Midi.*)

Tout ce qui peut intéresser la gloire des vaillants défenseurs du trône de Ferdinand ne saurait manquer d'être accueilli par nous avec reconnaissance : nous insérons ici un rapport circonstancié et officiel sur l'affaire de Caldès (Catalogne), qui nous a été transmis par des officiers de l'armée espagnole; il contient des détails aussi glorieux que peu connus sur la conduite du brave baron d'Eroles, à qui est dû le succès de cette affaire, qui est une des plus honorables et des plus meurtrières qu'ont eu à soutenir les fidèles soldats du capitaine-général de la Catalogne.

Prat-de-Llusannes, 16 *août.* L'action de Caldès, que nous avons eue le 14 de ce mois contre les forces réunies de Milans et Lloberas, c'est-à-dire contre toutes les troupes que les constitutionnels peuvent mettre en campagne dans la Catalogne, est bien la plus sanglante et la plus importante de toutes celles qui ont eu lieu dans cette province : nos soldats l'appellent une bataille.

L'ennemi avait le projet de se porter sur Figuières, d'y prendre une partie de la garnison après avoir écrasé les troupes du blocus; de marcher sur la Seu-d'Urgell, en faire sauter les forts et réunir la garnison. Cette armée, alors composée de douze mille hommes, se serait portée sur Barcelone, par Villa-Franca, en s'appuyant de la place de Taragone. Nul doute qu'on ne fût forcé de lever le blocus de Barcelone, afin d'opposer à ce corps d'armée des masses égales, et ne pas laisser en même-temps devant cette place une force trop faible en comparaison de la garnison. Ce projet si bien conçu, était possible dans son exécution ; mais il fallait vaincre à Caldès (1).

L'ennemi sentait bien qu'il ne devait s'engager que lorsqu'il aurait réuni à lui la garnison d'Urgell, et la portion de celle qu'il devait prendre à Figuières, enfin lorsqu'il aurait une armée; mais le baron d'Eroles avait deviné son intention aussitôt après sa dernière affaire de Calaf. Réduit au commandement de mille hommes, il avait pris la courageuse résolution de se jeter sur l'ennemi, et de tout risquer plutôt que de le laisser maître de ses mouvements.

Heureusement que le général Tromelin, avec sa brigade forte du 60e et du 16e de ligne, et cent cinquante chevaux, avec deux pièces de montagne, se porta sur Manreza, le 13 dans la nuit; et, par une de ces inspirations qui sauvent quelquefois les choses les plus désespérées, au lieu d'aller chercher l'ennemi à Calaf, il prit la direction de Manreza pour se joindre au baron d'Eroles. Les deux généraux se virent dans la nuit; il fut convenu que l'ennemi serait poursuivi à outrance, et que l'on mettrait tout en usage pour le forcer à une action générale.

Le baron d'Eroles, toujours actif et animé du seul désir de joindre l'ennemi, sort de Manreza le 14 à six heures du matin: mille royalistes espagnols le suivent. On prend la direction du pont de Cabriana, sur lequel les derniers hommes de l'arrière-garde de Milans venaient de défiler. Les chasseurs royalistes passent avec célérité, et le baron, avec son état-major, veut soutenir lui-même les voltigeurs; le général Tromelin venait après lui. Les coups de fusil commencèrent à être tirés sur les hauteurs qui commandent le pont de Cabriana; les tirailleurs de l'ennemi profitaient des bois pour couvrir l'arrière-garde; mais le général ordonne que l'on sonne la charge. Tout se précipite à sa voix; l'ennemi est poussé au pas de course; et, à la faveur des vignes, il se replie sur trois bataillons que Milans avait placés en position aussitôt qu'il eut entendu les premiers coups de fusil.

Les intrépides royalistes ne comptent plus ceux qui leur sont opposés : *En avant!* crient-ils de toutes parts; et déjà les batteries annonçent la charge: il ne reste à Milans d'autres moyens pour arrêter le torrent, que d'ordonner une charge de cavalerie. En effet, quatre-vingts chevaux se précipitent sur la route; le baron, entouré de son état-major et de dix chasseurs à cheval du 18ᵉ régiment, se décide à attendre la charge et ne veut pas abandonner ses voltigeurs. Déjà la cavalerie ennemie est à peu de distance, lorsque cinquante hussards français du 6e, dirigés par le seul sentiment de la gloire, débouchent dans la position occupée par le baron. *La charge!* s'écrie le brave général; et il s'élance en même-temps sur l'ennemi : le chef d'escadron Martin le suit avec ses hussards, et l'état-major du baron a l'honneur de porter les premiers coups de sabre. La cavalerie ennemie, culbutée, va se rétablir derrière ses bataillons; la position est emportée, l'ennemi est mené courant vers la direction de Caldès. Les hussards français, avec une grande partie de l'état-major du général, flanquaient la droite. Le baron, avec son infanterie massée, occupait la grande route. Un ravin immense le séparait de ses flanqueurs de droite.

(2) L'ennemi, toujours attentif à éviter une affaire générale, veut profiter de l'isolement du baron pour exécuter encore une charge sur lui. Quatre-vingts dragons de l'Infante, en colonne, sont destinés à cet effet : déjà ils prennent le galop (3). L'intrépide baron, au milieu de son infanterie, la prépare à recevoir

l'ennemi, et il commande le feu lui-même, au moment où le colonel de l'Infante arrive dans les rangs des royalistes ; ces derniers, animés par les regards de leur général, conservent un sang-froid au-dessus de toute expresión, tandis qu'ils dirigent leur feu avec une justesse admirable. Toute la tête de colonne de cavalerie tombe sur la place, y compris le colonel qui la dirigeait ; le reste se retire avec précipitation, et alors l'ennemi se voyant perdu, est forcé de prendre les fameuses positions qui sont situées sur la droite de Caldès et de remplir les vues des généraux alliés, en se développant pour une action générale. Ainsi la valeur brillante du baron d'Eroles, les mouvements rapides et savants qu'il ordonna à mille hommes, qui en avaient en face six mille, et enfin la grande intrépidité des soldats royalistes avaient forcé l'ennemi à faire un mouvement qui devait sauver la Catalogne. Cependant la brigade Tromelin, quoique harassée de la marche forcée qu'elle avait fait la veille, était sortie de Manréza en suivant la direction qu'avait prise le baron ; l'ennemi avait déjà pris position, et avait eu tout le temps de déployer toute sa ligne qu'un bataillon du 16e régiment avait eu seul la possibilité de joindre les troupes royales. Le capitaine-général sentait bien que l'absence des troupes françaises compromettait ses braves ; aussi voulut-il distraire l'attention de l'ennemi, en ordonnant qu'on lui envoyât quelques boulets (deux pièces de montagne étaient arrivées avec le bataillon du 16e) ; mais l'ennemi, revenu de son premier étonnement, et pouvant observer à son aise tout le terrain qui était au-dessous de lui, s'aperçut bientôt qu'une poignée de soldats avaient seuls produit le résultat qui venait d'avoir lieu. Honteux de cette découverte, et voulant par un mouvement d'offensive (si facile pour lui, vu son grand nombre) venger sa défaite, se disposa en quatre colonnes d'attaque, en faisant déborder celle de gauche. Il faut le dire, ce mouvement fut entrepris avec une grande décision. Aussi les royalistes espagnols, réunis au bataillon du 16e et dans une étendue de front assez considérable, ne purent contenir l'effort d'un ennemi animé par la confiance de sa force numérique, et d'un sentiment de fureur et de vengeance. Déjà trois cents mètres de terrain sont perdus, lorsque le baron d'Eroles qui, pour la première fois depuis son entrée en campagne, voyait ses troupes céder la victoire, court au milieu du feu ; il appelle de la voix, anime du geste, et déclare qu'il préfère la mort plutôt que de voir les royalistes se retirer devant les ennemis de leur roi. Le combat sur ce point devient terrible.

La mort frappait la plupart de ceux qui entouraient le général : les officiers d'ordonnance, les ordonnances tombent à ses côtés ; son cheval est atteint, les harnais du cheval sont brisés, ses habits percés. Son aide-de-camp Madrazo lui observe le danger qu'il court, il le repousse (4) ; enfin le premier aide-de-camp, Roquemaurel, met pied à terre, et, prenant son cheval par la bride, il le retire d'un lieu où infailliblement il eût trouvé la mort. Cependant les soldats royalistes, à la fois pénétrés d'un sentiment d'admiration pour leur brave général et de celui qu'un danger éminent faisait naître, balançaient encore. Le baron profite de cette incertitude pour les placer à deux cents pas de ce lieu de carnage, dans une position inexpugnable. Ce fut dans ce moment que l'intrépide brigade Tromelin arrive sur la scène, et les choses changent de face. Le 16ᵉ est destiné à l'attaque de front: il s'avance en colonne. Le chef d'escadron, vicomte de Saillent, attaché à l'état-major du baron, s'était porté vers les corps français, pour hâter leur marche. Cet officier supérieur connaissait les mouvements des colonnes ennemies, dont celui de gauche était mortel pour notre position ; il s'adresse au brave colonel d'User, lui rend compte desdits mouvements, en ajoutant qu'il est instant de repousser la gauche de l'ennemi. Le colonel du 60ᵉ partage son sentiment, l'exécute sans ordre, et fixe la victoire. L'ennemi, alors débordé lui-même par la gauche, est refoulé par le comte d'User, tandis que la ligne ennemie, abordée dans toute sa longueur par les royalistes espagnols et le 16ᵉ de ligne, se précipite dans la plus honteuse fuite, après avoir éprouvé des pertes immenses. Poursuivi dans la direction de Moya, il gravit en désordre les hauteurs de la droite, qu'il évacua presque aussitôt, en se retirant à la faveur de la nuit sur Prat-de-

Llusannes, où nous sommes arrivés à midi. Nous sommes partis une heure après, avec l'intention de poursuivre nos succès jusqu'à ce que nous ayons refoulé l'ennemi dans la place de Taragone.

Cette action de Caldès a donné lieu à des faits bien glorieux. Notre ami commun, le jeune de Solans, a été blessé : il en est peu qui n'aient reçu quelques balles ou leurs chevaux atteints. Mais on ne s'occupe ici que de la conduite héroïque du baron d'Eroles, à la fois soldat et général. Il nous a offert l'idée parfaite de l'un et de l'autre. Dans l'armée royaliste, officiers et soldats le considèrent comme leur ange tutélaire; dans l'armée française, officiers et soldats le considèrent comme un des généraux les plus habiles et le soldat le plus brave.

NOTES.

NOTES.

(1) *Mais il fallait vaincre à Caldès.* Il faut observer que, dans cette guerre, les royalistes espagnols étaient exposés aux mêmes cruautés que les émigrés français pendant les premières campagnes de la révolution. Sur le champ de bataille, on donnait rarement quartier à ceux-ci : tout le monde connaît, en outre, les fusillades en masse de Nieuport, de Bois-le-Duc et de Quiberon. N'oublions pas cependant que, dans ce dernier endroit, on ne trouva pas un soldat français pour l'exécution.

Quand le 16e et le 60e de ligne vinrent en position, l'un à gauche, et l'autre à droite, le feu des royalistes espagnols avait progressivement diminué, et par le feu de mousqueterie qu'ils avaient soutenu seuls depuis huit heures du matin (il était alors une heure après midi), et par l'absence de ceux qui avaient ramassé les blessés, pour qu'ils ne tombassent pas entre les mains des constitutionnels. La fureur des royalistes contre ceux-ci était extrême pendant la guerre civile; mais les officiers du baron d'Éroles s'interposaient sans cesse pour l'arrêter; et si, dans la chaleur et le désordre du combat, ils n'ont pu empêcher peut être quelques actes de vengeance particulière, au moins il ne s'en exerça jamais sous leurs yeux; et les soldats constitutionnels étaient respectés, quand ils étaient pris, comme à *Amer*, le 3 mai, où M. de Roquemaurel a sauvé la vie à plusieurs soldats et à la femme d'un officier à la prise d'un convoi de Milans; comme à *Calaf*, le 25 juillet, où M. le vicomte Saillans, qui conduisait l'aile gauche, donna 6 francs par prisonnier, tandis que M. de Roquemaurel, à la droite, avec vingt-deux chasseurs du 18e, commandés par M. Saussin, sous-lieutenant, fit deux cent quatorze prisonniers sur quatre cent cinquante miquelets de Mina, et n'en a sabré soixante-quinze que parce qu'ils se défendirent; comme le général Romagosa, le 15 juin, ramena à *Puycerda* les prisonniers qu'il avait faits, avec un bataillon de royalistes, sur Mina, en le poursuivant dans les montagnes; et comme enfin les jours suivants les partis de royalistes espagnols que le baron d'Éroles avait envoyés pour ramasser les débris du corps de Mina, lui ramenèrent de même beaucoup de prisonniers.

Les bornes d'une note ne permettent pas d'entrer dans de plus grands détails. Tout ce qu'a fait la division d'Éroles, pendant la campagne de 1823, ne pourra être justement apprécié que lorsque le moment sera venu qu'une plume, mieux exercée et plus digne que la mienne, en publie les opérations.

On verra alors que cet illustre royaliste a été toujours tel que la relation le représente à Caldès, un parfait modèle comme général et comme soldat.

(2) *L'ennemi, toujours attentif.* Milans et Lloberas ne voulaient pas engager d'action; aussi, quoiqu'ils eussent six mille hommes, se sont-ils toujours retirés devant mille; mais à chaque position qu'ils prenaient, c'était toujours à l'abri d'une masse de tirailleurs infiniment supérieure à ceux du baron d'Éroles, qui, outre les siens, avait toujours une colonne d'infanterie, comme on va le voir, quand la cavalerie ennemie l'a chargé.

(3) *L'intrépide baron.* Vers dix heures du matin, le baron d'Éroles était sur la grande route de Caldès à la tête de la colonne d'infanterie; il marchait dans un bois de haute-futaie très clair, garni de petits taillis en dessous. A cent pas devant lui, la route faisait un coude; là, tout à coup les quatre-vingts chevaux ennemis débouchent en colonne, et leur colonel, dès qu'il voit le baron, lui crie : *passamos.* Mais à peine a-t-il fait quelques pas dans la route, qu'il met le sabre à la main, sa troupe en fait autant, et ils chargent. Le baron n'a que le temps de répondre : *no es esta la manera de passar ;* et, se retournant vers ses soldats qui avaient déjà l'arme haute, il commande : *soldados, fuego!* Le premier

peloton obéit, fait place au second, qui aussi fait feu : la cavalerie ennemie disparaît, et le baron poursuit au pas de charge son chemin à la tête de sa colonne.

Ces détails m'ont été donnés par M. de Leix, aide-de-camp du baron, jeune homme sortant des gardes du corps, compagnie de Noailles, et qui était près de lui dans ce moment-là.

Tout cela fut si promptement exécuté, que, quoique je ne fusse qu'à vingt-cinq pas sur la droite avec les tirailleurs, et que je fusse accouru sur-le-champ au bruit des deux décharges, je ne pus juger en arrivant que de l'effet en voyant le champ de bataille couvert d'hommes et de chevaux.

Voici quels étaient les soldats qui, marchant en colonne, ont, à la voix de leur général, soutenu une charge de cavalerie avec un sang-froid et une bravoure digne de lui. Le baron d'Éroles avait sous ses ordres, au camp de Saint-Estève, 7,996 soldats et sous-officiers, et 402 officiers. Le plus qu'il en ait jamais eu avec lui, pendant toute la campagne, a été 4,000, et la plus grande partie du temps, il n'en avait que 2 ou 3,000 et même moins, comme à l'affaire dont il est question, où très certainement il n'avait pas 1,100 hommes. Ce corps de 8,000 hommes était les débris de l'armée de la Foi dans la campagne de 1822.

Les cinq sixièmes n'en avaient pas été enrégimenté; il était presque entièrément composé d'habitants de la campagne. Pour les animer dans une action, on leur criait : *adelante minonès*, nom que l'on donne en Catalogne aux jeunes villageois : cette locution correspond à celle de : *en avant, les gars*, qu'on lit dans les Mémoires de madame la marquise de La Rochejacquelein.

Cette troupe n'a été réunie et campée que depuis le 1er jusqu'au 19 avril 1823; le 5 elle a reçu ses armes. Parmi les officiers et les sous-officiers, il y en avait un certain nombre qui avaient servi et qui, dans ce court espace de temps, se sont chargés de l'instruction des soldats. Pour leur apprendre le maniement des armes, on formait un carré long de 100 à 150 hommes; un des côtés étroits était vide : c'était là que se plaçait l'instructeur, qui décomposait et expliquait tous les mouvements en les exécutant lui-même avec son fusil. Pendant que l'on était campé, le vent était violent et très froid sur les hauteurs de Saint-Estève; les hommes n'ont été habillés que peu de jours avant celui de l'entrée en campagne, le 19 avril : cette circonstance rendait l'instruction plus difficile et même très pénible.

Pour apprendre à marcher, l'ardeur était la même : on voyait dans le camp les soldats s'instruire mutuellement; ils se réunissaient quatre, cinq, six (plus ou moins), dont l'un, qui commandait, se plaçait à la droite du premier homme, et en marchant lui-même, apprenait aux autres la cadence du pas, à emboîter, etc., etc. : jamais ils n'ont pu manœuvrer une seule fois par bataillon; c'est à peine s'ils ont pu être rassemblés quelquefois par compagnie.

Sous le rapport de l'instruction, de pareils soldats n'étaient que des recrues, mais ces recrues étaient des *Vendéens espagnols*, ayant pris les armes pour l'autel et le trône. La véritable instruction s'est faite, en dépit des fatigues, dans le cours de la campagne. Quand on était plus d'un jour dans un quartier, il y avait sur-le-champ quatre heures et même plus, d'exercice par jour. L'habitude de voir les soldats français aidait aussi les *mignons* à les imiter; il était même assez plaisant de voir leurs premiers essais pour saluer leurs officiers militairement et à la française. Ces 8,000 hommes, qui avaient suivi le baron d'Éroles, ou qui étaient venus se réunir à lui, n'étaient certainement pas les seuls royalistes de la Catalogne, où plusieurs partisans se sont maintenus avec des corps de 3 à 400 hommes malgré les troupes de Mina, pendant l'hiver de 1822 à 1823, sans parler de l'immense nombre de ceux qui sont restés dans les villes et dans les campagnes, avec l'espérance de se réunir aux troupes françaises quand elles entreraient.

Cette espèce de soldats avaient beaucoup d'analogie avec les Vendéens. Madame la marquise de la Rochejacquelein nous parle de la joie qu'éprouvaient ceux-ci à brûler les archives municipales d'une ville prise sur les républicains. Les *mignons* étaient de même pour la *pierre de la constitution.* Dès qu'il se fut rendu maître de la Catalogne au mois de novembre 1822, Mina en avait fait placer partout. En 1823, dans chaque ville ou village où la division d'Éroles arrivait, la première chose que l'on faisait, c'était de démolir la pierre de la constitution; presque partout les habitants y aidaient, et la chute en était toujours accompagnée des cris de joie des royalistes. Jusqu'au 15 de juin, que Mina est disparu pour aller se cacher à Barcelone, il lui est arrivé de revenir dans plusieurs endroits où nous avions déjà passé nous-mêmes; alors les habitants étaient forcés de replacer cette malheureuse pierre. J'ai vu un village où pour rendre plus prompte l'obéissance aux deux partis, la pierre était figurée par un morceau de bois peint, et l'on était prêt pour les constitutionnels comme pour les royalistes, soit qu'il fallût la placer ou la faire tomber : c'était l'affaire de quatre clous à mettre ou à ôter, et de quelques coups de marteau.

C'est surtout dans les actions d'éclat que l'on retrouve en Espagne le même héroïsme que dans les royalistes français. Sur une foule de traits de cette espèce, j'en choisirai un qui prouve que les défenseurs de l'autel et du trône sont dans tous les temps et dans tous les pays les mêmes.

Dans le mois de septembre 1793, lorsque les Anglais assiégeaient Dunkerque, les paysans se soulevèrent dans l'Artois et dans la Flandre; plusieurs milliers se réunirent dans la forêt de Saint-Pol, dans l'espérance de se joindre aux Anglais, qui devaient, dit-on, marcher contre la Convention si Dunkerque était pris. Cette expédition échoua : ces braves paysans, n'ayant point d'armes, habitant un pays ouvert, rempli de places de guerre, et dont tous les propriétaires, qui auraient pu être leurs chefs, avaient émigré, ne pouvaient trouver, comme les Vendéens, des Lescure, des Bonchamps, des La Rochejacquelein, etc., etc., etc; ils aimèrent mieux s'expatrier que de vivre sans religion et sans roi. Ils accoururent en foule dans les Pays-Bas, et recrutèrent, en s'y engageant, les corps d'émigrés, le régiment de la Châtre, les légions de Beon et de Damas, etc., etc.,

Au mois de mai 1794, 400 hommes du régiment de la Châtre étaient dans Menin, alors investi par une armée républicaine. Ils étaient tous Artésiens, commandés par des officiers et sous-officiers français, la plupart de ceux-ci même avaient été officiers en France. Ils sortirent les armes à la main, passèrent sur le corps des républicains en perdant la moitié de leur monde. Il serait injuste et ingrat de ne pas ajouter combien la conduite du général hanovrien et de ses troupes fut héroïque, en secondant le dévouement du régiment de la Châtre, qu'ils suivirent pour sortir de Menin.

Le général Romagoza était enfermé dans les forts de la Seu-d'Urgel, depuis le 26 novembre 1822. Sa garnison était de 3,000 paysans catalans; plus de 200 femmes s'y étaient aussi réfugiées avec beaucoup d'enfants, pour se soustraire à la vengeance des constitutionnels qui occupaient toute la Catalogne. Au commencement de janvier 1823, la ration dans les forts était déjà très diminuée, et les vivres de très mauvaise qualité. Le général, ayant vainement espéré d'être secouru par 2 ou 3,000 Espagnols qui étaient déjà rentrés en France avec le baron d'Éroles, conçut le hardi projet de sortir les armes à la main, pour venir se réunir à lui, et il l'exécuta le 2 février 1823. Il serait trop long de raconter tous les détails de cette sortie mémorable. Il suffit de dire que le général Romagoza perça la ligne des constitutionnels, tous bien équipés, et bien nourris, avec des soldats exténués de faim, mal armés, mal vêtus, n'ayant pour chaussure que des espardilles, la plupart très usées, pour passer à travers des montagnes couvertes de neige. Tous les habitants de l'Arriège, qui, à leur arrivée, leur prodiguèrent tous les secours de l'hospitalité, purent juger de l'état de misère et de souffrance dans lequel se trouvaient ces braves royalistes. Sans exagération, il y en avait une foule qui ressemblaient moins à des êtres vivants qu'à des cadavres ambulants. Je le vis par moi-même, en venant à Foix au devant du général Romagoza; je lui demandai s'il avait perdu beaucoup de monde; pour réponse il plaça ses deux mains sur mes épaules, et, levant les yeux au ciel, il s'écria avec l'accent de douleur : *Ah! Dieu.* Ses larmes coulèrent, et il ne put proférer un seul mot.

Les constitutionnels firent très peu de prisonniers: des femmes et des enfants furent massacrés; M. d'Auberge, chevalier de Saint-Louis, qui était venu de Perpignan à la Seu-d'Urgel, pour se réunir à l'armée de la Foi, éprouva le même sort, comme il demandait à se rendre, parce qu'il ne pouvait plus marcher dans la neige; un autre officier français se distingua pendant le blocus et à la sortie : c'est M. Parian, officier du génie, qui était venu de Marseille à la Seu-d'Urgel, dans les premiers jours de novembre 1822, et que le baron d'Eroles avait donné au général Romagoza. Il a fait la campagne de 1823 comme capitaine de la compagnie de sapeurs des royalistes espagnols, devant Barcelone.

Il est remarquable que ces deux sorties à main armée d'une garnison investie par l'ennemi se soient faites à 300 lieues, et à 29 ans de distance, par deux peuples différents : dans ces deux événements, c'est la même cause qui produit les mêmes effets.

(4) *Enfin, le premier aide-de-camp Roquemaurel.* M. de Roquemaurel, colonel au service du roi de France, avait été envoyé par S. E. le maréchal duc de Bellune (alors ministre secrétaire d'état de la guerre) au baron d'Éroles, pour la formation et l'organisation du corps campé à Saint-Estève. Au moment d'entrer en campagne, le baron d'Éroles, excellent juge des hommes, prit M. de Roquemaurel pour son premier aide-de-camp. La conduite brillante de cet officier pendant toute la campagne a justifié le choix du général, et réalisé toutes les espérances qu'il avait conçues de sa valeur et de ses talents

FIN.

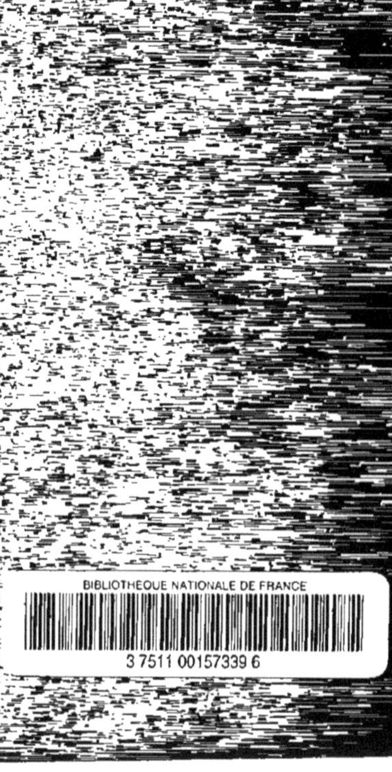

www.ingramcontent.com/pod-product-compliance
Ingram Content Group UK Ltd.
Pitfield, Milton Keynes, MK11 3LW, UK
UKHW020952220726
13924UKWH00002B/642

9 782014 443561